Isaac Asimov

Siglo XXI

Biblioteca del universo

El Sistema Solar

Júpiter

DE ISAAC ASIMOV

REVISADO Y ACTUALIZADO POR RICHARD HANTULA

Gareth Stevens Publishing
UNA COMPAÑÍA DEL WORLD ALMANAC EDUCATION GROUP

Please visit our web site at: www.garethstevens.com
For a free color catalog describing Gareth Stevens Publishing's list of high-quality
books and multimedia programs, call 1-800-542-2595 (USA) or 1-800-387-3178 (Canada).
Gareth Stevens Publishing's fax: (414) 332-3567.

Library of Congress Cataloging-in-Publication Data

Asimov, Isaac.
    [Jupiter. Spanish]
    Júpiter / de Isaac Asimov; revisado y actualizado por Richard Hantula.
       p. cm. — (Isaac Asimov biblioteca del universo del siglo XXI. El sisteme solar)
    Summary: A description of Jupiter, the largest planet in our solar system, which includes
information on its numerous moons, space probes which have studied it, and the 1994 collision
of comet remnants with the planet.
    Includes bibliographical references and index.
    ISBN 0-8368-3854-8 (lib. bdg.)
    ISBN 0-8368-3867-X (softcover)
    1. Jupiter (Planet)—Juvenile literature. [1. Jupiter (Planet). 2. Spanish language materials.]
  I. Hantula, Richard. II. Title.
  QB661.A8318   2003
  523.45—dc21   2003050691

This edition first published in 2004 by
Gareth Stevens Publishing
A World Almanac Education Group Company
330 West Olive Street, Suite 100
Milwaukee, WI 53212 USA

Series editor: Betsy Rasmussen
Cover design and layout adaptation: Melissa Valuch
Picture research: Matthew Groshek
Additional picture research: Diane Laska-Swanke
Translation: Carlos Porras and Patricia D'Andrea
Production director: Susan Ashley

The editors at Gareth Stevens Publishing have selected science author Richard Hantula to bring
this classic series of young people's information books up to date. Richard Hantula has written
and edited books and articles on science and technology for more than two decades. He was
the senior U.S. editor for the *Macmillan Encyclopedia of Science.*

In addition to Hantula's contribution to this most recent edition, the editors would like to
acknowledge the participation of two noted science authors, Greg Walz-Chojnacki and
Francis Reddy, as contributors to earlier editions of this work.

Printed in the United States of America

1 2 3 4 5 6 7 8 9 07 06 05 04 03

Contenido

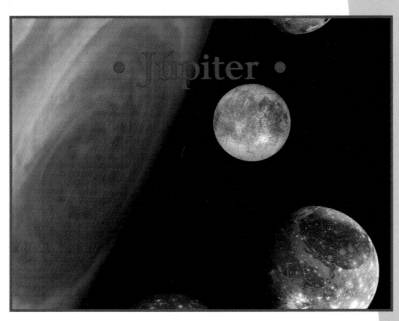

Vivimos en un lugar enormemente grande: el universo. Es muy natural que hayamos querido entender este lugar, así que los científicos y los ingenieros han desarrollado instrumentos y naves espaciales que nos han contado sobre el universo mucho más de lo que hubiéramos podido imaginar.

Hemos visto planetas de cerca, e incluso sobre algunos han aterrizado naves espaciales. Hemos aprendido sobre los quásares y los púlsares, las supernovas y las galaxias que chocan, y los agujeros negros y la materia oscura. Hemos reunido datos asombrosos sobre cómo puede haberse originado el universo y sobre cómo puede terminar. Nada podría ser más sorprendente.

Júpiter, que lleva su nombre por el rey de los dioses de los antiguos mitos romanos, es el planeta más grande del Sistema Solar. Es un mundo enorme que hace parecer pequeña la Tierra. En realidad, casi todo lo del planeta es extremo: la atmósfera, las tormentas, las temperaturas y la colección de lunas, donde se pueden encontrar volcanes ardientes, llanuras heladas y hasta océanos salados. En los últimos años los científicos han aprendido mucho sobre Júpiter y sus lunas gracias a las naves espaciales que lo han explorado.

Júpiter el planeta brillante

Júpiter es generalmente el cuarto objeto más brillante del cielo. Los únicos que siempre brillan más que él son el Sol, la luna de la Tierra y Venus. Cuando Marte brilla al máximo, también es más brillante que Júpiter.

En 1610 el científico italiano Galileo Galilei observó Júpiter con un telescopio pequeño. Cerca del planeta vio cuatro objetos más tenues. Noche tras noche los objetos se movían de un lado a otro de Júpiter.

Estos objetos resultaron ser lunas o satélites naturales de Júpiter. Giran alrededor de Júpiter como la Luna gira alrededor de la Tierra.

Arriba: Un retrato de Galileo.

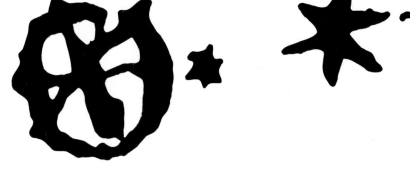

Arriba: Bosquejos que Galileo hizo de Júpiter y de tres de las cuatro lunas que observó.

Galileo vio las cuatro lunas
más grandes de Júpiter con
sus telescopios caseros
(que se muestran aquí en
el soporte especial en que
están en un museo). Hoy se
pueden ver estas lunas con
un par de buenos
binoculares *(recuadro)*.

TVBVM OPTICVM·VIDES·GALILAEI INVENTVM·ET·OPVS·QVO·SOLIS·MACVLAS
ET·EXTIMOS·LVNAE·MONTES·ET·IOVIS·SATELLITES·ET·NOVAM·QVASI
RERVM·VNIVERSITATE·PRIMVS·DISPEXIT·A·MDCIX·

Para divisar Júpiter con sus lunas se necesita una noche despejada y un par de buenos binoculares o un telescopio.

Júpiter y sus cuatro lunas más grandes como se ven con un telescopio pequeño.

Ver Júpiter

Júpiter describe una órbita alrededor del Sol cada 12 años aproximadamente. Júpiter forma parte del Zodíaco. El Zodíaco es un cinturón imaginario en el cielo que contiene la trayectoria del Sol, de la Luna y de la mayoría de los planetas. El Zodíaco se divide en 12 partes iguales. Cada parte toma el nombre de una constelación.

Cuando Júpiter se ve con un telescopio pequeño o con un par de buenos binoculares, parece un disco de luz pequeño. Cerca de él están sus cuatro satélites más grandes, algunos a un lado del planeta, otros, al otro lado. Noche tras noche los satélites cambian su posición al moverse alrededor de Júpiter.

Izquierda:
Júpiter y sus cuatro lunas más grandes, vistos durante ocho noches consecutivas. Las lunas parecen jugar a las escondidas a medida que giran alrededor del planeta que los gobierna.

7

Una mirada más de cerca

Júpiter es el planeta más grande del Sistema Solar, con un diámetro de 88,846 millas (142,984 km) en su ecuador. Tiene más de 11 veces el ancho de la Tierra y 1,300 veces el volumen de la Tierra. A pesar de ser tan grande, gira mucho más rápido que la Tierra. La Tierra da una vuelta completa sobre su eje cada 24 horas. Júpiter da una vuelta completa en un poco menos de 10 horas.

Los científicos han recibido gran cantidad de información y fotografías en primer plano de Júpiter de las naves espaciales que lo exploraron. Las naves espaciales *Pioneer 10*, *Pioneer 11*, *Voyager 1*, *Voyager 2* y *Cassini* pasaron junto a Júpiter, y la nave espacial *Galileo* envió una sonda a la atmósfera del planeta. Descubrieron que el planeta es un globo enorme formado fundamentalmente por los dos gases más simples: en su mayor parte hidrógeno, más algo de helio. La atmósfera también tiene vapores de sustancias como agua, metano y amoníaco.

Derecha: Júpiter es más pesado que todos los demás planetas del Sistema Solar juntos.

El campeón peso pesado del Sistema Solar

Júpiter es tan grande, que es más de tres veces más masivo que Saturno, el planeta que le sigue en tamaño. Imagina que tienes una balanza enorme. Ahora, en uno de los platillos de la balanza coloca a Júpiter. En el otro platillo reúne a todos los demás planetas, satélites, asteroides y cometas. Todos ellos juntos no equilibrarían la balanza. ¡Júpiter es más de dos veces más masivo que todo el resto del material planetario conocido del Sistema Solar!

Muchos científicos creen que en el centro de Júpiter hay un núcleo de roca, quizás tan grande como varias Tierras. Por encima del núcleo hay una capa extensa de hidrógeno líquido, que constituye la mayor parte de la masa de Júpiter. Es muy probable que esta capa también contenga helio. La atmósfera está compuesta de hidrógeno y helio, además de pequeñas cantidades de sustancias como agua, metano y amoníaco.

La Gran Mancha Roja de Júpiter *(izquierda)* y una tormenta de la Tierra *(derecha)* se parecen en aspecto, pero no en tamaño.

Arriba: La Gran Mancha Roja es enorme, pero parece que se está achicando. Hacia fines del siglo xx medía más o menos 7,500 millas (12,000 km) de norte a sur y más o menos 15,500 millas (25,000 km) de este a oeste, o aproximadamente lo mismo que dos planetas Tierra colocados uno al lado del otro. Un siglo antes medía cerca de 25,000 millas (40,000 km) de ancho, ¡más que tres Tierras!

La Gran Mancha Roja

La superficie de Júpiter está cubierta de «cinturones» oscuros con «listas» más claras entre ellos. Estas zonas las crean movimientos atmosféricos. Vientos muy fuertes se mueven hacia abajo en los cinturones y hacia arriba en las listas.

A lo largo de los cinturones y de las listas hay manchas ovaladas claras y oscuras que son en realidad enormes vientos de tormenta arremolinados. La mayor de las manchas se llama Gran Mancha Roja. Parece un tornado o huracán gigantesco que nunca se detiene. Los astrónomos la ven arremolinarse desde hace más de 300 años.

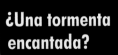

¿Una tormenta encantada?

La Gran Mancha Roja la rodean muchos misterios. En primer lugar, los científicos no están seguros de por qué ha permanecido durante siglos. Otras tormentas van y vienen, pero la Gran Mancha Roja parece ser casi permanente. En segundo lugar, a los científicos también les intriga el cambio de tamaño y los movimientos de la Gran Mancha Roja. Puede moverse hacia adelante o quedarse detrás de las nubes circundantes. Se mueve de este a oeste, pero no lo hace de norte a sur.

Anillos alrededor del planeta

Los cuatro planetas «gigantes» del Sistema Solar (Júpiter, Saturno, Urano y Neptuno) tienen anillos compuestos de partículas muy pequeñas de materiales. El conjunto de los anillos de cada planeta es diferente.

Los anillos de Saturno, compuestos en gran parte de trozos de hielo, son brillantes y muy grandes. Los astrónomos saben de su existencia desde el siglo XVII. El primero que vio que Saturno era más que un disco fue Galileo, usando su telescopio. Él advirtió que tenía otros elementos extraños, aunque no se dio cuenta de que eran anillos.

Sin embargo, los anillos de Júpiter son tenues y pequeños, y parece que están compuestos mayormente de polvo. Los astrónomos no supieron de su existencia hasta fines del siglo XX. En 1979, la sonda espacial *Voyager 1* descubrió un anillo delgado a más o menos 30,000 millas (48,000 km) por encima de la parte superior de las nubes de Júpiter. Las fotografías que tomaron más tarde la *Voyager 2* y la *Galileo* mostraron que había más de un único anillo delgado. En el borde interno de este anillo principal, que sólo mide cerca de 4,300 millas (7,000 km) de ancho, hay un anillo con apariencia de nube llamado halo. Hacia el exterior del anillo principal se extienden dos anillos como de «gasa» muy tenues.

Los anillos los alimenta constantemente el polvo que viene de cuatro lunas pequeñas que están en ellos o cerca de ellos. Éstas se llaman Metis, Adrastea, Amaltea y Tebe. Desprenden polvo cuando las chocan los meteoritos.

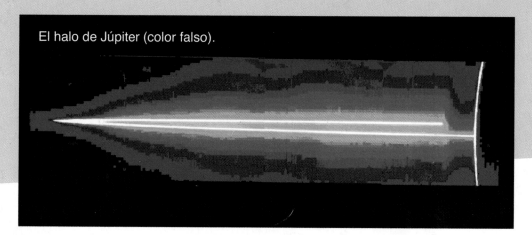
El halo de Júpiter (color falso).

Labels within image: Anillos de gasa, Anillo principal, Halo, Amaltea, Adrastea, Metis, Tebe

Arriba: Los satélites interiores y componentes de los anillos de Júpiter, basados en los descubrimientos que realizó en 1998 la sonda *Galileo*.

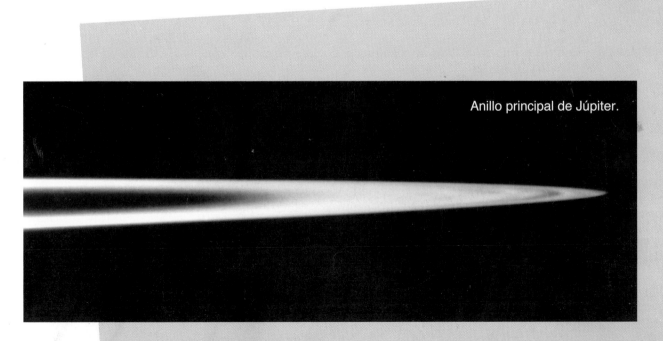

Anillo principal de Júpiter.

Las lunas de Júpiter

Júpiter tiene muchas lunas. Oficialmente se han confirmado por lo menos 16 lunas, y se les ha dado nombre. De éstas, a las cuatro más grandes a veces se las llama satélites galileanos en honor de Galileo. Los nombres de los cuatro satélites lo propuso Simon Marius, un astrónomo alemán, que reclamaba haberlo divisado poco antes que Galileo. La luna galileana más cercana a Júpiter es Ío. Más allá de Ío están Europa, Ganímedes y Calisto. Europa es un poco más pequeña que la luna de la Tierra, y las otras tres son más grandes.

Más cerca de Júpiter que sus cuatro satélites grandes están las cuatro lunas pequeñas relacionadas con los anillos del planeta. Más allá de la órbita de los satélites galileanos están las otras lunas confirmadas. Su tamaño varía de 6 a 106 millas (10 a 170 km) de ancho. La más lejana, Sínope, está a un promedio de 14,700,000 millas (23,700,000 km) de Júpiter. Es probable que por lo menos algunas de estas lunas sean asteroides capturados.

Abajo y enfrente, recuadro: ¿Quién es quién en el sistema de Júpiter? Se muestra la órbita de las 16 lunas confirmadas de Júpiter, las grandes y las pequeñas.

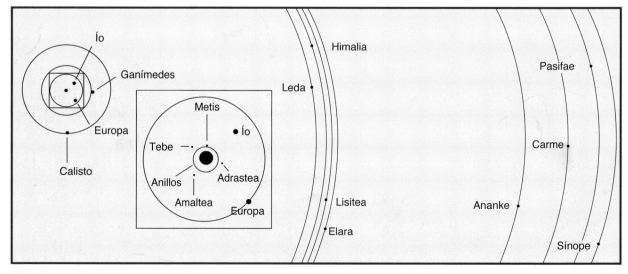

Conjunto de fotografías de Júpiter
y de los satélites galileanos que
tomó la *Voyager 1* en 1979 (las
imágenes no están a escala). *En
sentido horario, desde el extremo
superior derecho:* Europa,
Ganímedes, Calisto, Júpiter e Ío.

La superficie helada y agrietada de Calisto fotografiada en 1979 por la *Voyager 1*. Advierte la región brillante con forma de anillo cerca del borde izquierdo de la luna, restos de un impacto violento que derritió parcialmente la superficie helada de Calisto. Esta región tiene cerca de 190 millas (300 km) de ancho.

Calisto, cubierto de hielo y cráteres

Calisto, el satélite galileano más alejado de Júpiter, está a 1,170,000 millas (1,883,000 km) de distancia del planeta. Ésa es casi cinco veces la distancia de la Luna a la Tierra. Calisto describe su órbita alrededor de Júpiter en unos 16 $2/3$ días.

Las sondas espaciales han mostrado que Calisto es una gran bola de hielo con algunas rocas, y que quizás tenga un núcleo rocoso. Tiene una atmósfera muy delgada formada por dióxido de carbono gaseoso.

Algunos científicos creen que debajo de la corteza helada de la luna podría haber un océano salado.

Calisto está cubierto de numerosos cráteres, que se formaron por el impacto de objetos del espacio. La mayoría de los cráteres no parecen ser muy profundos. Quizás se deba a que la superficie helada haya fluido lentamente y se haya asentado, pero el flujo no fue suficiente para eliminar por completo los cráteres.

Izquierda: Un primer plano tomado desde la *Galileo* del paisaje lleno de cráteres de Calisto ilustra la idea de que esta luna tiene muchísimos cráteres grandes y pequeños.

Derecha: Una fotografía que tomó la *Galileo* en 1996 de una cadena de cráteres formados por impacto.

17

Júpiter según un artista visto desde Ganímedes, el satélite más grande del Sistema Solar.

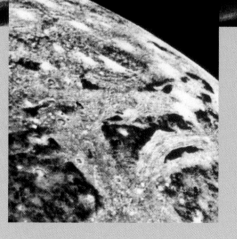

Derecha: El terreno de Ganímedes tiene surcos. Los científicos creen que los surcos los causan la expansión y el movimiento lentos de la corteza de la luna.

Ganímedes, la luna más grande

Ganímedes, la luna más grande del Sistema Solar, tiene 3,273 millas (5,268 km) de ancho. Es más grande que los planetas Mercurio y Plutón. Ganímedes está a 665,000 millas (1,070,000 km) de distancia de Júpiter y tarda sólo un poco más de una semana en describir una órbita alrededor del planeta.

Ganímedes, como Calisto, parece ser en su mayor parte de hielo con algo de roca, y posiblemente tenga bajo su superficie un océano líquido. Tiene una atmósfera de oxígeno delgada. Ganímedes no está tan densamente cubierta de cráteres como Calisto. Tal vez sea porque la corteza de Ganímedes parece haberse quebrado y desplazado en muchos lugares durante un largo período de tiempo. Quizás el agua interna de Ganímedes haya brotado, haya inundado muchos cráteres y luego se haya helado dejando la superficie.

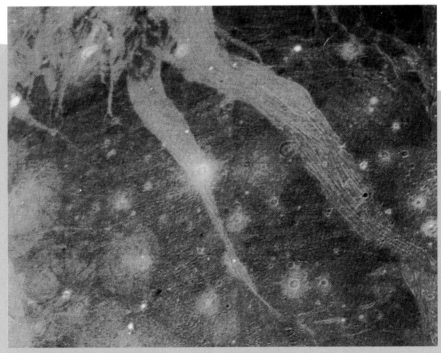

Arriba: Cráteres antiguos y nuevos de Ganímedes. Las manchas brillantes son cráteres recientes. Las marcas circulares más tenues pueden ser cráteres antiguos alisados por flujos de tipo glaciar sobre la superficie helada de Ganímedes.

Fuego y hielo: dos mundos volcánicos

Las dos lunas galileanas más cercanas a Júpiter son Ío y Europa. A ambas las estira levemente la enorme gravedad del planeta, y esto crea calor. Ambas lunas son volcánicas. Ío tiene erupciones de roca fundida; Europa, de agua.

Ío es un mundo rocoso un poco más grande que la luna de la Tierra. Describe una órbita alrededor de Júpiter cada 1 $3/4$ día a una distancia de unas 262,000 millas (421,600 km) del planeta. La roca interior de la luna la calienta la acción del poderoso campo magnético de Júpiter, así como la gravedad del planeta. La roca se funde y por último explota con erupciones que despiden gas y azufre amarillo al cielo. La atmósfera de Ío está compuesta de dióxido de azufre. Con los cientos de volcanes que tiene, es el mundo con mayor actividad volcánica de nuestro Sistema Solar.

Europa, la más pequeña de las lunas galileanas, tiene unas 1,945 millas (3,130 km) de ancho. Se encuentra a unas 416,900 millas (670,900 km) de Júpiter y completa una órbita cada 3 $1/2$ días. Está cubierta de una capa bastante lisa de hielo, debajo de la cual parece que hay un mar de agua. Cualquier cráter que pueda haberse formado en la superficie a causa de los meteoritos está cubierto de agua que emerge desde abajo y se congela. Europa tiene una atmósfera de oxígeno delgada, y algunos científicos se preguntan si el mar de la luna podría contener vida como la que conocemos. Sin embargo, hasta ahora no hay pruebas de esto.

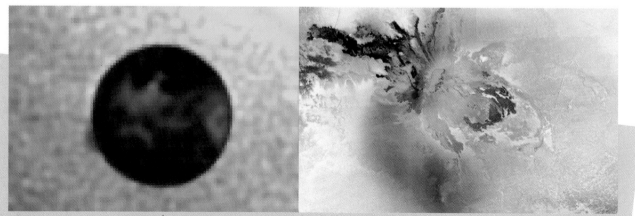

Erupciones volcánicas de Ío. *Arriba, a la izquierda:* Una foto del telescopio espacial *Hubble* muestra una erupción de 249 millas (400 km) de alto del volcán Pele, perfilada sobre el disco azulado de Júpiter. *Arriba, a la derecha:* El volcán Culann Patera según la imagen tomada por la *Galileo* en noviembre de 1999.

La superficie bastante lisa y helada
Europa está cubierta de rayas oscuras.
científicos creen que son grietas produc
por la atracción de la poderosa grave
de Júpiter. El color oscuro puede debe
sustancias expulsadas a través de las gr
por el agua que se eleva desde a

La exploración del planeta Júpiter

Las sondas espaciales, el telescopio espacial *Hubble* y los instrumentos con sede en la Tierra han dado a los astrónomos mucha información sobre Júpiter. Ahora sabemos que Júpiter lo rodea un campo magnético mucho más grande y más fuerte que el de la Tierra. El campo es tan fuerte y recolecta tantas partículas cargadas, que será necesario que las naves espaciales que transporten seres humanos se mantengan muy lejos de Júpiter a menos que se tomen medidas de protección. Alrededor de los polos magnéticos del planeta, el campo magnético atrae partículas a la capa superior de la atmósfera, haciendo que los gases de la atmósfera brillen en auroras radiantes.

Las sondas espaciales han revelado también que a pesar de que alrededor de la capa de nubes de Júpiter las temperaturas son muy bajas, debajo de las nubes se elevan rápidamente. Miles de millas debajo de la capa de nubes, ¡Júpiter tiene más temperatura que la superficie del Sol!

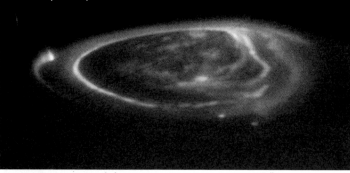

Imagen de una aurora de Júpiter tomada en 1998 por el telescopio espacial *Hubble*.

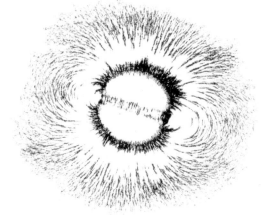

Arriba: Se puede ver un campo magnético colocando un imán debajo de una hoja de papel cubierta de limaduras de hierro.

Júpiter se te presenta en colores vivos

Júpiter es un planeta muy colorido. Los cinturones son anaranjados, amarillos y marrones. Hay manchas blancas y, por supuesto, la Gran Mancha Roja, que no siempre es roja. Algunas veces se aclara tanto, que casi no se puede ver. Los científicos no saben con certeza qué reacciones químicas causan todos estos colores.

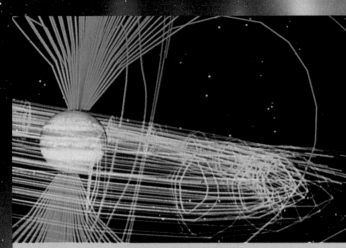

Imagen computarizada del intenso campo magnético de Júpiter *(en azul)*. También se muestra una trayectoria de azufre *(en amarillo)* liberado por Ío, una luna volcánica de Júpiter.

Un despliegue espectacular del cielo nocturno de Júpiter según un artista. Los violentos relámpagos y bandas de luz superan en tamaño y brillantez cualquier cosa que posiblemente se vea en la atmósfera de la Tierra.

Viaje épico de la *Galileo*

En 1989 se lanzó la nave espacial *Galileo* a Júpiter. Parecía que la misión iba a fracasar debido a que una antena importante no se abrió totalmente, pero los ingenieros lograron que una antena menos potente enviara la información.

La *Galileo* siguió una ruta indirecta a Júpiter para aumentar la velocidad usando la gravedad de Venus y de la Tierra. En 1991 tomó las primeras fotos en primer plano del asteroide Gaspra. Dos años después las imágenes que tomó de otro asteroide, Ida, dieron la primera prueba de que un asteroide puede tener luna. Por último, en 1995, *Galileo* llegó a Júpiter.

La nave espacial dejó caer una sonda a la atmósfera del planeta y luego exploró el planeta gigante y algunas de sus lunas. Entre los muchos descubrimientos de la nave están los anillos de gasa de Júpiter. A principios de 2002 el combustible de la *Galileo* casi se había agotado. Los controladores de la misión en la Tierra la dejaron en un curso que esperaban la llevara, en el año 2003, a la atmósfera de Júpiter, donde se vaporizaría.

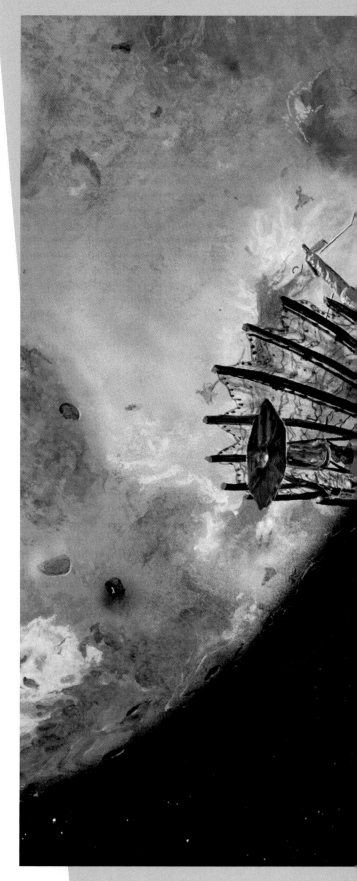

La *Galileo* siguió una trayectoria curva alrededor de Júpiter y sus lunas. Este dibujo muestra la sonda con su antena dañada en una visita a Ío.

Golpes descomunales: un cometa se estrella contra Júpiter

En 1992 un cometa llamado Shoemaker-Levy 9 se acercó tanto a Júpiter, que se rompió en 21 pedazos debido a la poderosa gravedad del planeta. En julio de 1994 estos pedazos chocaron contra Júpiter. Explosiones tremendas «excavaron» la parte superior de las nubes de Júpiter proporcionándole a los astrónomos otra manera de ver lo que yace debajo de ellas.

Los pedazos del cometa golpearon contra el lado de Júpiter que no era visible desde la Tierra. Sin embargo, cuando el planeta giró se pudieron ver las zonas de impacto del cometa. Por medio de telescopios, los astrónomos pudieron ver los «moretones» oscuros que los choques crearon en Júpiter. Hasta la nave espacial *Galileo* participó en el asunto. Estaba en el lado oculto del planeta y observó de verdad una de las explosiones.

Izquierda: El 22 de julio de 1994, cuando los pedazos del cometa chocaron contra Júpiter, la nave espacial Galileo tomó estas cuatro fotos instantáneas. Las fotos recogen el momento en que chocó el último gran fragmento, llamado W.

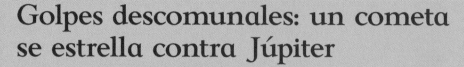

El centro de Júpiter, ¿casi un sol interior?

Los científicos creen que la mayor parte de Júpiter está compuesta principalmente de hidrógeno y helio. En el centro, es probable que el planeta tenga un núcleo rocoso que puede ser tan grande como varias Tierras. El centro está tan comprimido, que allí se produce gran cantidad de calor, aunque la temperatura no llega a ser tan alta como en el interior del Sol, donde el calor se genera por fusión nuclear. Aun así, Júpiter produce más calor del que recibe del Sol.

Los fragmentos del cometa al chocar contra la parte superior de las nubes de Júpiter según un artista.

Uno de los «ojos negros» de Júpiter causado por un fragmento de un cometa.

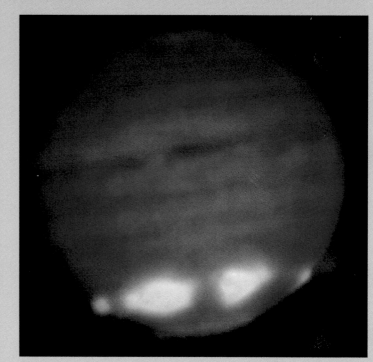

Arriba: En esta imagen infrarroja, o «térmica», las manchas brillantes revelan el lugar donde los fragmentos del cometa chocaron contra Júpiter.

Júpiter

Izquierda y abajo: Un primer plano de Júpiter y sus siete lunas más grandes *(abajo, de izquierda a derecha)*, Himalia, Calisto, Ganímedes, Europa, Ío, Tebe y Amaltea (no se muestran en la misma escala que la del planeta).

Lunas de Júpiter confirmadas y con nombre

Nombre	Metis	Adrastea	Amaltea	Tebe	Ío	Europa
Diámetro *	25 millas (40 km)	16 millas (25 km)	106 millas (179 km)	62 millas (100 km)	2,263 millas (3,643 km)	1,945 millas (3,130 km)
Distancia desde Júpiter **	79,511 millas (127,960 km)	80,144 millas (128,980 km)	112,700 millas (181,300 km)	137,900 millas (221,900 km)	262,000 millas (421,600 km)	416,900 millas (670,900 km)
Nombre	Ganímedes	Calisto	Leda	Himalia	Lisitea	Elara
Diámetro *	3,273 millas (5,268 km)	2,986 millas (4,806 km)	6 millas (10 km)	106 millas (170 km)	15 millas (24 km)	50 millas (80 km)
Distancia desde Júpiter **	665,000 millas (1,070,000 km)	1,170,000 millas (1,883,000 km)	6,893,000 millas (11,094,000 km)	7,133,000 millas (11,480,000 km)	7,282,000 millas (11,720,000 km)	7,293,000 millas (11,737,000 km)
Nombre	Ananke	Carme	Pasifae	Sínope		
Diámetro *	12 millas (20 km)	19 millas (30 km)	22 millas (36 km)	17 millas (28 km)		
Distancia desde Júpiter **	13,170,000 millas (21,200,000 km)	14,040,000 millas (22,600,000 km)	14,600,000 millas (23,500,000 km)	14,700,000 millas (23,700,000 km)		

* Ancho promedio

** Distancia promedio desde el centro de Júpiter

Archivo de datos: Júpiter, el planeta más grande

El Sol y el Sistema Solar *(de izquierda a derecha):* Mercurio, Venus, Tierra, Marte, Júpiter, Saturno, Urano, Neptuno, Plutón.

Júpiter, el planeta conocido más grande del Sistema Solar, es el quinto más cercano al Sol. Como el Sol, Júpiter está compuesto en su mayor parte de hidrógeno y helio. Los científicos creen que la temperatura de su núcleo podría ser mayor que 36,000 °F (20,000 °C). Cuando Júpiter se formó, más de 4,500 millones de años atrás, probablemente emitiera mucha más energía que ahora. Júpiter nunca fue lo bastante masivo para iniciar el proceso de fusión nuclear que las estrellas usan para quemar su hidrógeno, pero miles de millones de años atrás, ¡habría brillado como una estrella!

Júpiter: Cómo se compara con la Tierra

Planeta	Diámetro*	Período de rotación (duración del día)	Período de órbita alrededor del Sol (duración del año)	Lunas conocidas	Gravedad de la superficie
Júpiter	88,846 millas (142,984 km)	9 horas, 56 minutos	11.86 años	16+**	2.36***
Tierra	7,927 millas (12,756 km)	23 horas, 56 minutos	365.256 días (1 año)	1	1.00***

Planeta	Distancia desde el Sol (más cercana–más lejana)	Tiempo mínimo que tarda la luz en viajar a la Tierra		
Júpiter	460.1–507.4 millones de millas (740.5–816.6 millones de km)	32.7 minutos		
Tierra	91.3–94.4 millones de millas (147–152 millones de km)	—		

*Diámetro en el ecuador.

**Según informaciones, se han divisado más de tres docenas de lunas alrededor de Júpiter; de ellas, por lo menos 16 se han confirmado y se les ha puesto nombre.

*** Multiplica tu peso por este número para saber cuánto pesarías en este planeta; en el caso de Júpiter, que carece de superficie, el número corresponde al nivel superior de las nubes.

Más libros sobre Júpiter

Destination: Jupiter (Destino: Júpiter), Seymour Simon (HarperTrophy)

DK Space Encyclopedia (Enciclopedia DK del espacio), Nigel Henbest y Heather Couper (DK Publishing)

Galileo Spacecraft: Mission to Jupiter (La nave espacial Galileo: Misión a Júpiter), Michael D. Cole (Enslow)

A Look at Jupiter (Una mirada a Júpiter), Ray Spangenburg y Kit Moser (Franklin Watts)

Jupiter (Júpiter), Larry Dane Brimner (Children's Press)

Jupiter (Júpiter), Robin Kerrod (Lerner)

Jupiter (Júpiter), Elaine Landau (Franklin Watts)

Jupiter: The Fifth Planet (Júpiter: el quinto planeta), Michael D. Cole (Enslow)

CD-ROM y DVD

CD-ROM: *Exploring the Planets (Explorar los planetas)*. (Cinegram)

DVD: *The Voyager Odyssey: An Interplanetary Music Video Experience (La odisea de la Voyager: Una experiencia musical y audiovisual interplanetaria)*. (Image Entertainment)

Sitios Web

Internet es un buen lugar para obtener más información sobre Júpiter. Los sitios Web que se enumeran aquí pueden ayudarte a que te enteres de los descubrimientos más recientes, así como de los que se hicieron en el pasado.

Galileo: Journey to Jupiter. www.jpl.nasa.gov/galileo/

Nine Planets. www.nineplanets.org/jupiter.html

Pioneer Missions. spaceprojects.arc.nasa.gov/Space_Projects/pioneer/PN10&11.html

Views of the Solar System. www.solarviews.com/eng/jupiter.htm

Voyager. voyager.jpl.nasa.gov/

Windows to the Universe. www.windows.ucar.edu/tour/link=/jupiter/jupiter.html

Lugares para visitar

Estos son algunos museos y centros donde puedes encontrar una variedad de exhibiciones espaciales.

Museo de Ciencia y Tecnología de Canadá
1867 St. Laurent Boulevard
100 Queen's Park
Ottawa, Ontario, K1G 5A3
Canada

Museo Nacional del Aire y el Espacio
Instituto Smithsoniano
7th and Independence Avenue SW
Washington, DC 20560

Museo Norteamericano de Historia Natural
Central Park West at 79th Street
New York, NY 10024

Observatorio de Sydney
Observatory Hill
Spotswood
Sydney, New South Wales 2000
Australia

Odyssium
11211 142nd Street
Edmonton, Alberta T5M 4A1
Canada

U.S Space and Rocket Center
1 Tranquility Base
Huntsville, AL 35807

Glosario

anillos: bandas compuestas de pequeñas partículas de material que rodean a algunos planetas a la altura del ecuador.

asteroides: «planetas» muy pequeños. En el Sistema Solar existen cientos de miles de ellos. La mayoría describe una órbita alrededor del Sol entre Marte y Júpiter.

atmósfera: los gases que rodean un planeta, una estrella o una luna.

azufre: elemento amarillo pálido y no metálico que se usa en medicina, química y en la industria del papel.

cometa: objeto compuesto de hielo, roca o gas. Tiene una cola de vapor que se puede ver cuando gira cerca del Sol.

constelación: agrupación de estrellas que parece trazar un patrón o una figura familiar. Las constelaciones a menudo se denominan por la forma a la que se parecen.

cráter: agujero en una superficie que se origina con el impacto de un objeto o con una explosión volcánica.

ecuador: línea imaginaria trazada alrededor de la mitad de un planeta, que siempre está a igual distancia de sus dos polos. El ecuador divide al planeta en dos semiesferas, o hemisferios.

eje: la línea recta imaginaria alrededor de la cual gira, o rota, un planeta, una estrella o una luna.

Galileo: astrónomo italiano que perfeccionó el uso del telescopio para estudiar el universo.

Galileo: nave espacial lanzada en 1989 que empezó a explorar Júpiter y sus lunas en 1995.

Gran Mancha Roja: la mayor de las enormes tormentas arremolinadas que se mueven a lo largo de los «cinturones» y las «listas» de Júpiter.

gravedad: fuerza que hace que el Sol y sus planetas se atraigan mutuamente.

helio: gas incoloro y liviano que se encuentra en Júpiter.

hidrógeno: gas incoloro e inodoro.

Hubble, Telescopio espacial: satélite artificial que contiene un telescopio e instrumentos relacionados y que gira alrededor de la Tierra desde 1990.

luna: pequeño cuerpo del espacio que se mueve en una órbita alrededor de un cuerpo más grande. Se dice que una luna es un satélite de un cuerpo más grande.

satélites galileanos: las cuatro lunas más grandes de Júpiter (Ío, Europa, Ganímedes y Calisto), que Galileo estudió con su telescopio

Sistema Solar: el Sol con los planetas y otros cuerpos, como los asteroides, que describen una órbita alrededor de él.

vapor: gas que se forma de un sólido o un líquido. En la Tierra, las nubes se componen de vapor de agua.

Zodíaco: la banda de 12 constelaciones del cielo, que representa la trayectoria del Sol, la Luna y todos los planetas, excepto Plutón.

Índice

Nacido en 1920, Isaac Asimov llegó a Estados Unidos, de su Rusia natal, siendo niño. De joven estudió bioquímica. Con el tiempo se transformó en uno de los escritores más productivos que el mundo haya conocido jamás. Sus libros abarcan una variedad de temas que incluyen ciencia, historia, teoría del lenguaje, literatura fantástica y ciencia ficción. Su brillante imaginación le hizo ganar el respeto y la admiración de adultos y niños por igual. Lamentablemente, Isaac Asimov murió poco después de la publicación de la primera edición de *La biblioteca del universo de Isaac Asimov*.

Los editores expresan su agradecimiento a quienes autorizaron la reproducción de material registrado: portada, 3, 17 (izquierda), 20 (derecha), Centro Nacional de Datos de Ciencia Espacial y el jefe del equipo, Dr. Michael J. S. Belton, Proyecto Galileo; 4 (ambas), 5 (grande), Biblioteca Niels Bohr AIP; 5 (recuadro), cortesía de Celestron International; 6, © Richard Baum 1988; 6-7, © Garret Moore 1988; 7, © Richard Baum 1988; 8, 9, © Lynette Cook 1988; 10, NASA; 10-11, © John Foster 1988; 12, NASA; 13 (superior), NASA/JPL; 13 (inferior), NASA; 14, Sabine Huschke/© Gareth Stevens, Inc.; 15 (grande), NASA; 15 (recuadro), © George Peirson 1988; 16, Laboratorio de Propulsión a Chorro; 17 (derecha), NASA/JPL; 18 (superior), © Ron Miller; 18 (inferior), Laboratorio de Propulsión a Chorro; 19, NASA; 20 (izquierda), John Spencer (Observatorio Lowell) y NASA; 21, NASA; 22 (izquierda), NASA y John Clarke (Universidad de Michigan); 22 (derecha), Matthew Groshek/© Gareth Stevens, Inc.; 23 (grande), © John Foster 1988; 23 (recuadro), NASA; 24-25, © Michael Carroll; 26, NASA/JPL; 27 (superior), © Michael Carroll; 27 (inferior izquierda), Instituto de Ciencia del Telescopio Espacial; 27 (inferior derecha), Observatorio del Sur Europeo (ESO); 28, © Sally Bensusen 1988; 28-29, © Sally Bensusen 1987.